Horst Schulz

DAS NEUE STRICKEN
Kindermode

DAS NEUE STRICKEN
Kindermode

Farbige Muster ohne Mühe

Augustus
Verlag

Inhalt

Einleitung

Lassen Sie sich von mir animieren, das Stricken einmal mit völlig anderen Augen zu betrachten. Alles, wovon wir umgeben sind, besteht aus einzelnen Teilen. Warum also muß ein Strickstück aus nur einem Teil bestehen?

Wie bei einem Haus Ziegel auf Ziegel gesetzt wird, bis die gewünschte Größe erreicht ist, wie Diele an Diele verlegt wird, bis der Fußboden des Zimmers fertig ist, genau so habe ich auch meine Strickarbeiten angelegt: Ziegel an Ziegel = Patchquadrat an Patchquadrat oder Dielenbrett an Dielenbrett = Streifen an Streifen. Zum neuen Stricken gehört aber nicht nur das Entstehen der fertigen Teile durch das Zusammenfügen aus einzelnen Formen, sondern auch

die unerschöpfliche Vielfalt im Umgang mit der Farbe.

Es ist nicht beabsichtigt, daß die Modelle genau nachgestrickt werden. Zum einen resultiert das schon daraus, daß die Garnkollektionen kurzlebig sind und schnell wechseln. Zum anderen möchte ich gern die Fantasie jedes Lesers neu ansprechen, ja herausfordern. Ein jeder von uns hat Fantasie, oft mehr als er sich selbst zugesteht. Nehmen Sie einfach Nadeln und Wolle in die Hand und fangen Sie an!

Das Buch soll dazu dienen, Ihnen die jeweilige Stricktechnik für die einzelnen Formen und die verschiedenen Möglichkeiten des Zusammenfügens zu zeigen. Vertrauen Sie jedoch bei der Farbauswahl und der Gestaltung der Flächen Ihrer eigenen Intuition und haben Sie Mut zum Experimentieren.

Die hier vorgestellten Modelle von mir und meinen Schülern sollen Ihnen lediglich als Anregung dienen, selbst schöpferisch tätig zu werden.

Wünschen würde ich mir, daß Leute sich austauschen und anregen, wie es früher in Spinnstuben oder Strickkränzchen üblich war. Oft werden diese Einrichtungen zwar belächelt, doch heute im Zeitalter der Vereinsamung inmitten der Medienüberflutung ist eigene Kreativität Balsam für die Seele.

Horst Schulz.

Das Prinzip des neuen Strickens

Die Idee ist einfach und das Ergebnis außerordentlich wirkungsvoll: Das Verdrehen der Fäden beim Arbeiten mit mehreren Knäueln soll vermieden werden. Unsere Modelle entstehen daher aus einzelnen Streifen oder eckigen Teilen, die gleich während des Strickens Stück für Stück aneinandergefügt werden. Somit haben Sie immer nur wenige Maschen einer Farbe auf der Nadel. Die üppige Farbigkeit entsteht durch Farbwechsel nach einer oder mehreren Doppelreihen. Außerdem hat diese Stricktechnik den großen Vorteil, daß sich die Größe der Strickteile leicht regulieren läßt. Kindermodelle können „mitwachsen", indem zusätzliche Streifen oder Teile angestrickt werden. Ist Ihnen ein Modell zu groß geraten, können Sie einzelne Streifen abtrennen. Mit Hilfe eines Papierschnittes lassen sich Größe und Paßform jederzeit kontrollieren. Weil die einzelnen Farbteile auch einzeln gestrickt sind, ist es zudem leicht möglich, Farben zu korrigieren. Wenn man sich in der Farbe vertan hat, wird das entsprechende Teil einfach herausgetrennt und neu eingestrickt.

Ich gehe davon aus, daß Sie bereits Erfahrung im Stricken haben, wissen, wie Anschlag, rechte und linke Maschen gearbeitet werden. Auf diesen einfachen Grundlagen baut die Technik des „neuen Strickens" auf.

Maschen anschlagen

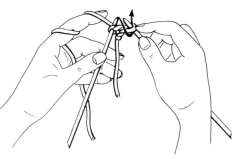

Mit dem Anschlagen von Maschen beginnt jede Arbeit. Es ist wichtig, nicht herkömmlich mit zwei Fäden, sondern mit einem Faden die Maschen auf die Nadel aufzustricken (= französischer Anschlag). Im späteren Verlauf der Arbeit steht auch oft nur noch ein Faden zur Verfügung, so gewöhnt man sich am besten gleich beim ersten Anschlag daran.

Die Anschlagreihe zählt immer als 1. Reihe.

① Bilden Sie eine Anfangsschlinge.

② Stricken Sie aus dieser ersten Masche eine neue Masche rechts heraus und heben Sie die neue Masche rückwärts auf die linke Nadel.

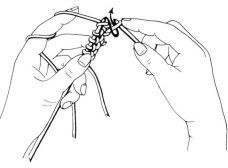

③ Aus der neuen Masche stricken Sie nun die nächste heraus, heben sie auf die linke Nadel usw.

④ So liegen die Maschen der Anschlagreihe auf der Nadel.

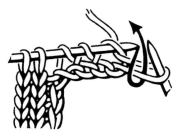

⑤ Hier sehen Sie, wie neue Maschen aus bereits vorhandenen Randmaschen auf die gleiche Weise wie unter 2 und 3 beschrieben, herausgestrickt werden.

Randmaschen

Beim neuen Stricken sind die Randmaschen von großer Bedeutung. Sie werden zum Aneinanderstricken der einzelnen Streifen oder Stücke benötigt. Nur wenn die Randmaschen gleichmäßig gearbeitet sind, lassen sich die Teile beim Zusammenstricken sauber zusammenfügen. Die Zeichnungen zeigen Ihnen, wie die Randmaschen zu stricken sind. In zwei gestrickten Reihen (= eine Doppelreihe) entsteht so beidseitig nur eine v-förmige Randmasche.

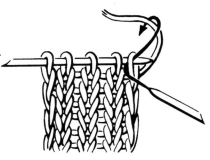

① Die erste Masche jeder Reihe immer rechts oder rechts verschränkt abstricken.

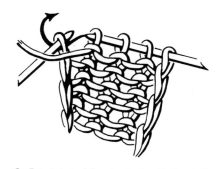

② Die letzte Masche jeder Reihe mit vorgelegtem Faden immer links abheben.

Mein Tip:

Wenn Randmaschen sehr lose ausfallen, kann man den Faden noch etwas nachziehen, sobald man die zweite Masche gestrickt hat.

Beim Farbwechsel sollten Sie den zweiten Faden immer hinter dem ersten Faden hochführen. So bleiben die Randmaschen korrekt erhalten und gut sichtbar.

Fadenenden einweben

Für unsere kreative Strickerei mit der unerschöpflichen Farbvielfalt ist das Einweben der Fadenenden ein absolutes Muß. Es ist leichter, als Sie vielleicht denken, und spart am Ende das mühsame Vernähen. Ein bis drei Fadenenden (7 – 10 cm lang) können so auf der Rückseite eingewebt werden, wenn auf der Vorderseite rechte Maschen und auf der Rückseite linke Maschen gestrickt werden. Mit dieser Methode – einmal drüber, einmal drunter – lassen sich auch Fäden in der zweiten Masche neben der Randmasche seitlich hochführen. Im Perlmuster ist das Einweben auf beiden Seiten möglich. Wenn auf beiden Seiten immer nur rechts gestrickt wird (= kraus), kann der Faden auch zurückgelegt eingewebt werden. Bei Hebemaschenreihen funktioniert das Einweben nicht. Es kann dann ohne Probleme eine oder zwei Reihen später vorgenommen werden.

Die Zeichnungen 1 und 2 zeigen das Einweben in rechts gestrickten Reihen, die Zeichnungen 3 und 4 in links gestrickten Reihen.

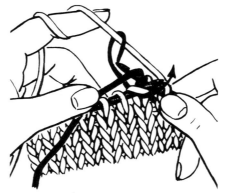

① Fadenende mit Daumen und Mittelfinger der linken Hand halten. Auf der Vorderseite in die Masche einstechen, den einzuwebenden Faden über die rechte Nadel legen und die Masche nur mit dem Arbeitsfaden rechts abstricken.

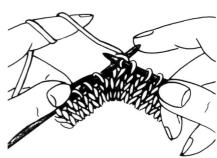

② Fadenende mit Daumen und Mittelfinger der linken Hand halten. Auf der Vorderseite in die Masche einstechen, den einzuwebenden Faden unter die rechte Nadel legen und die Masche nur mit dem Arbeitsfaden rechts abstricken.

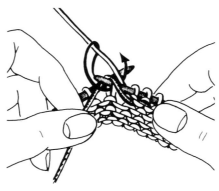

③ Fadenende mit Daumen und Mittelfinger der linken Hand halten. Den einzuwebenden Faden über die rechte Nadel legen und die Masche nur mit dem Arbeitsfaden links abstricken.

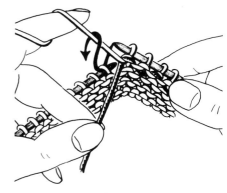

④ Fadenende mit Daumen und Mittelfinger der linken Hand halten. Den einzuwebenden Faden unter die rechte Nadel legen und die Masche nur mit dem Arbeitsfaden links abstricken.

Streifen zusammenstricken

Es gibt zwei grundsätzliche Möglichkeiten, um Streifen während der Arbeit zusammenzustricken, je nachdem zeigen sich dann entweder auf der vorderen (bei Technik I) oder der rückwärtigen Seite (bei Technik II) zwei nebeneinanderliegende Maschenreihen.

Die dritte Variante erleichtert das Ganze mit Hilfe einer Rundstricknadel.

Technik I
Beim rechts Zusammenstricken auf der Vorderseite wird der Faden direkt hin-

ter die Randmasche von Teil B gelegt, die Randmasche dann rechts abgehoben. Aus beiden Fäden der rechten Randmasche von Teil A eine Masche herausstricken (Zeichnung 1), die abgehobene Masche über die herausgestrickte Masche ziehen und die Arbeit wenden. Auf der Rückseite wird dann der Faden vor die Arbeit gelegt und die erste Masche links abgehoben. Zwei aufliegende Maschenreihen befinden sich so auf der Vorderseite.

Technik II

Beim links Zusammenstricken auf der Vorderseite wird der Faden entsprechend vor die linke Randmasche von Teil B gelegt und die Randmasche links abgehoben. Mit der linken Nadel dann von vorn durch beide Fäden der Randmasche von Teil A stechen, die Randmasche von Teil B ebenfalls auf die linke Nadel übertragen und links zusammenstricken (Zeichnung 2). Die Arbeit wenden. Auf der Rückseite bleibt der Faden hinter der Arbeit und die erste Masche wird rechts abgehoben. Die aufliegenden Maschenreihen zeigen sich so auf der Rückseite.

Technik III

Bei vielen Mustern empfiehlt es sich, die Streifen mit einer Rundnadel zusammenzustricken. Es ist zudem die bequemste Art. Dabei werden zuerst aus allen Randmaschen vom rechten Rand des fertigen Streifens (Teil A) neue Maschen herausgestrickt. Nun müssen Sie nicht mehr nach den Randmaschen suchen, sondern haben sie bereits auf der Nadel liegen. Aus diesen Maschen sollte nun eine Reihe rechts (Rippe) oder eine Reihe links gestrickt werden. Selbstverständlich können musterbedingt auch mehrere Reihen quer gestrickt werden. Anschließend wird Teil B auf der rechten Nadel der Rundnadel angeschlagen und weitergestrickt. Dabei werden Teil A und B links zusammengestrickt (Zeichnung 3), wie es unter Technik II beschrieben ist.

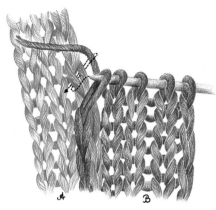

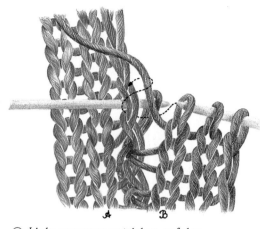

① *Rechts zusammenstricken auf der Vorderseite.*

② *Links zusammenstricken auf der Vorderseite.*

③ *Links zusammenstricken. Vorher wurden die Maschen auf eine Rundnadel auf gestrickt, mit einer Rippe dazwischen. Teil B mit der rechten Rundnadel anschlagen und weiterstricken.*

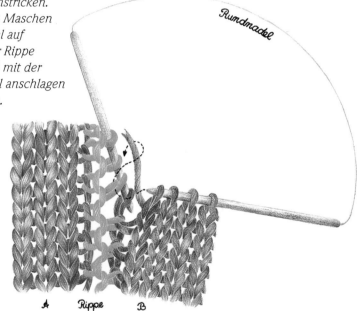

Mein Tip:

Gerade bei dunklen Farben gibt es manchmal Probleme, die Randmaschen gut zu erkennen. Ein heller Hintergrund, ein Tischtuch oder auch ein Blatt Papier kann hier sehr nützlich sein.

Nach dem Topflappenprinzip zusammenstricken

Außer in Streifen kann man auch in noch kleineren Teilen arbeiten und die einzelnen Stücke dann wie beim Patchwork aneinanderstricken. Das Quadrat mit der Abnahme in Diagonalrichtung ergibt überraschende Muster – und läßt zudem viel Spielraum für eigene Kreativität. Achten Sie aber darauf, daß das Zusammenstricken der Maschen jedes Quadrates nur in der Mitte der Rückreihen erfolgt.

Beim Topflappenprinzip wird zunächst ein Quadrat einzeln fertiggestellt. In unseren Beispielen wird abwechselnd eine Doppelreihe kraus und eine Doppelreihe glatt rechts gestrickt. Das nächste Quadrat strickt man dann aus dem vorherigen heraus, dabei wird die Hälfte der Maschen aus der vorhandenen Kante herausgestrickt, die andere Hälfte neu angeschlagen. Auf diese Weise lassen sich wieder Streifen

bilden. Sie können die Quadrate aber auch auf die Spitze stellen: Dann wird anstelle der gewohnten Streifen in Patchworktechnik gearbeitet.

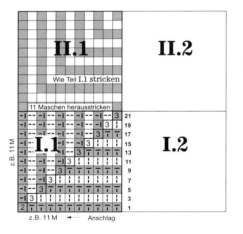

Der Einer-Topflappen
Die Schemazeichnung zeigt, wie die Form entsteht und in welcher Reihenfolge zusammengestrickt wird.

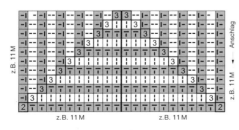

Der doppelte Topflappen
Die Schemazeichnung zeigt, wie der doppelte Topflappen entsteht.

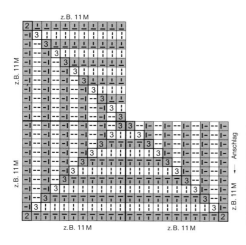

Der Dreier-Topflappen

In der Schemazeichnung sehen Sie, wie der Dreier-Topflappen entsteht.

Mein Tip:

Beim Dreier-Topflappen empfiehlt es sich, ein einzelnes Teil zu stricken, um sich den Fortlauf der Arbeit zu verdeutlichen.

Der Vierer-Topflappen

Der Vierer-Topflappen ist eine wichtige Variante und gleichzeitig eine Ausnahme. Der Maschenanschlag liegt jeweils am äußeren Rand, zur Mitte wird in Reihen gestrickt. Die offenen Ränder können von der Mitte einer Seite bis zur Mitte des Teiles (Zeichnung 1 und Foto rechts unten) oder von einer Ecke zur Mitte des Teiles führen (Zeichnung 2). In jedem Fall müssen die Ränder sauber vernäht oder aber zusammengestrickt werden. Dafür stricken Sie mit je einer Nadel, bzw. der Rundnadel, mit dem Arbeitsfaden aus den Randmaschen beider Ränder neue Maschen heraus, an einem Rand von der Mitte zur Ecke und am anderen Rand von der Ecke zur Mitte und ketten mit der dritten Nadel die Maschen von der Mitte zur Ecke locker ab, wie es die Zeichnung 3 zeigt.

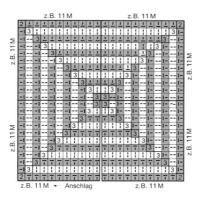

Zeichnung 1

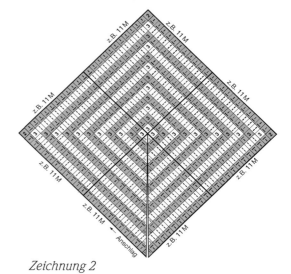

Zeichnung 2

Zeichnung 3

Mein Tip:

Am Rand der Vierer-Topflappen stricke ich die letzten zwei Maschen der Rückreihe und hebe dabei die Randmasche wie oben beschrieben mit vorgelegtem Faden links ab. In der Hinreihe stricke ich dann die beiden Maschen zusammen. So bleibt es bei einer v-förmigen Randmasche für diese Doppelreihe.

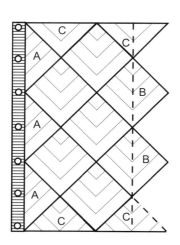

Der halbe Topflappen

A) An den seitlichen Rändern müssen häufig halbe Topflappen eingearbeitet werden, um bei Mustern mit auf der Spitze stehenden Topflappen einen geraden Abschluß zu erhalten.

B) An der Seitennaht muß man nicht zwei halbe Topflappen zusammennähen, man kann auch „nahtlos" arbeiten: Die ganzen Topflappen

werden an der gedachten Seitennaht einfach zur Hälfte umgelegt und gleich zum Anstricken oder Annähen der Topflappen für Vorder- oder Rückenteil verwendet.

C) Für den oberen und unteren geraden Abschluß werden „geköpfte", halbe Topflappen folgender Art gestrickt: Nach dem Mustersatz der einzelnen Topflappen stricken, nur zu Beginn

jeder Reihe die ersten beiden Maschen rechts verschränkt zusammenstricken. Die letzten vier bis fünf Maschen auf einmal abketten. Das verhindert eventuelle Ausbuchtungen.

Der Papierschnitt

Bevor Sie nun zu den Nadeln greifen, brauchen Sie einen Papierschnitt des gewünschten Modells. Da sich fast alle hier gezeigten Modelle am Rechteck oder Quadrat orientieren, ist auch dieser Papierschnitt entsprechend angelegt. Ganz egal, ob Sie ein Modell für Erwachsene oder Kinder stricken wollen, anhand eines eigenen Pullovers oder einer Jacke läßt sich der Schnitt leicht für die individuelle Größe herstellen.

Mit diesem Papierschnitt in Originalgröße können Sie jederzeit den Stand Ihrer Arbeit überprüfen: Die vorher

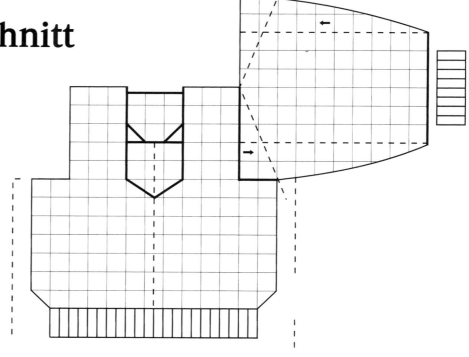

gespannte Strickarbeit wird einfach aufgelegt. So sehen Sie leicht, wie viele Streifen oder Teile Ihnen noch zum fertigen Stück fehlen.

Für die schrägen Teile der Ärmel kann man so entweder die Schrägen an das fertige Rechteck anstricken oder sie gleich während der Arbeit anhand des Schnittes ergänzen. Die geraden Schulterteile dürfen ruhig etwas abgeschrägt zusammengenäht werden: Unter die Naht kommt später ja meist ein kleines Schulterpolster.

Spannen Sie auch Teile der Arbeit sorgfältig. Nur so können Sie die genaue Größe ermitteln und erkennen die ganze Schönheit der Strickerei.

Der Trick mit dem Spiegel

Möchten Sie schon nach kurzer Zeit mit einem relativ kleinen Strickstück die Wirkung einer größeren Fläche sehen, nehmen Sie einen Spiegel zu Hilfe. Halten Sie ihn an eine Kante Ihrer Strickerei und schon sehen Sie im Spiegelbild die Fortsetzung Ihrer Arbeit (Foto unten). Dieser kleine Kunstgriff schafft Übersicht und regt zu experimentierfreudigem Weiterstricken an.

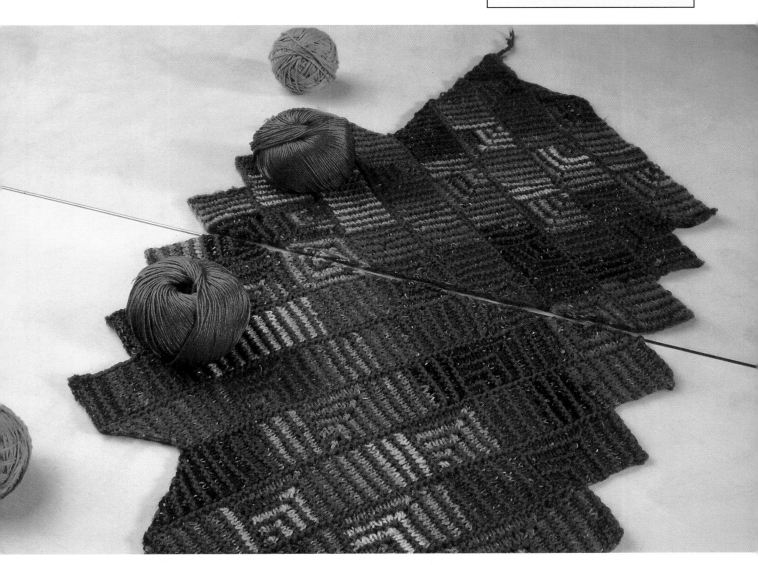

Bündchen anstricken

Beim „alten Stricken" begann man jedes Teil mit dem Bündchen. Beim „neuen Stricken" stehen die Bündchen ganz am Ende der Arbeit. Damit sie besser in Form bleiben, ist es ratsam, sie doppelt zu arbeiten.

Fangen Sie am besten mit einem Ärmel an: So erkennen Sie gleich, wie viele Maschen wie viele Zentimeter ergeben. Ich verwende im allgemeinen Garne mit einer Lauflänge von etwa 100 m pro 50g-Knäuel. Als Faustregel gelten in diesem Fall für Ärmel etwa 40 bis 44 Maschen, für Vorder- und Rückenteile jeweils etwa 80 Maschen, für Kinder entsprechend weniger.

Für ein Bündchen werden zuerst alle Maschen auf der Innenseite des Strickteils auf eine Rundnadel gestrickt. In der zweiten Reihe müssen Sie sie nun auf die nötige Maschenzahl reduzieren

oder Maschen zunehmen (aus dem Zwischenfaden verschränkt herausstricken). Arbeiten Sie bis zur gewünschten Höhe glatt rechts, anschließend eine Reihe links für den Bruch, dann im gewählten Muster weiter. Ketten Sie die Maschen sehr lose ab (je Masche etwa 1 cm), so daß sich eine linke Reihe auf der Vorderseite zeigt. Das Bündchen nun einfach umklappen und überwendlich lose auf der Vorderseite annähen. Die abgekettete Maschenreihe und die Naht sollten so weit nachgeben, wie es das gestrickte Teil erfordert.

Hebemaschen geben dem Bündchen einen besonders festen Halt. Dazu stricken Sie bis zum Bruch, wie oben beschrieben. Dann nach Strickschrift 1 und 2 weiterarbeiten. Es empfiehlt sich, die Nadeln eine halbe Nummer größer zu wählen, weil nun oft nur

jede zweite Masche gestrickt wird. Schön sieht es auch aus, wenn Sie für die zweite Farbe ein etwas stärkeres Garn verwenden. Das Bündchen kann auch insgesamt mehrfarbig angelegt sein: Wenn Bündchenmuster abwechselnd 1 M rechts, 1 M links oder 2 M rechts, 2 M links mit Hebemaschen gestrickt werden, leiern sie nicht aus. Fangen Sie dafür gleich mit dem Muster an, ohne die Rück- oder Innenseite glatt rechts zu stricken. Wenn Sie die Reihe in der ersten Farbe fertig gestrickt haben, wenden Sie nicht. Beginnen Sie wieder vorne mit dem zweiten Garn (Strickschrift 3 und 4). Das Garn der ersten Farbe sollte hierbei etwas dicker sein. Auch mit Hebemaschen über vier Reihen ergibt sich ein schönes Bündchenmuster. Stricken Sie abwechselnd zwei Reihen in der ersten Farbe und vier Reihen in der zweiten Farbe (Strickschrift 5).

Strickschrift 1

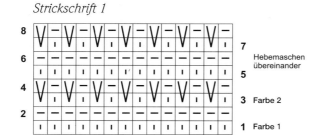

Hebemaschen übereinander

3 Farbe 2

1 Farbe 1

Strickschrift 2

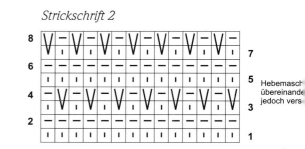

Hebemasch übereinande jedoch vers

Strickschrift 3

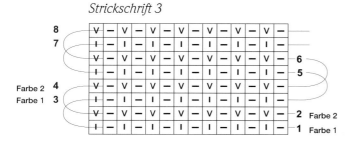

Farbe 2

Farbe 1

2 Farbe 2

1 Farbe 1

Strickschrift 4

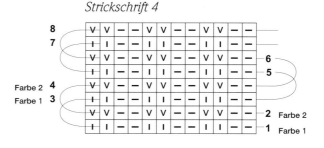

Farbe 2

Farbe 1

2 Farbe 2

1 Farbe 1

Strickschrift 5

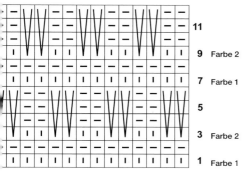

Die Maschenzahl des Bündchens sollte durch vier teilbar sein und zwei zusätzliche Maschen enthalten. Der Anschluß fügt sich gut ein, wenn Sie mit zwei Maschen links beginnen und ebenso enden.

Bei Kindermodellen bietet es sich an, die Bündchen einfach im Perlmuster mit etwas stärkerem Garn zu stricken.

Das vordere lange Jackenbündchen strickt sich leichter, wenn Sie in drei Teilen arbeiten: die beiden vorderen Kanten und den Halsausschnitt. Ob die richtige Maschenzahl zugenommen wurde und die Abmessung stimmt, läßt sich dann ganz einfach überprüfen und notfalls korrigieren. Zum Schluß nähen Sie die drei Teile sauber zusammen. Finden Sie bei den Modellbeschreibungen keine Angaben zu den Bündchen, suchen Sie sich eine der hier vorgestellten Mustervarianten aus und wählen Sie die Farben passend dazu.

Noch einige wichtige Hinweise, bevor Sie sich ein Modell aussuchen: Achten Sie auf ein gutes Maschenbild. Und: Nicht jedes Garn eignet sich für jedes Muster. Prüfen Sie mit einer Maschenprobe Material und Muster auf seine Eignung und Optik. Das ist schon der halbe Erfolg Ihrer Arbeit.

Zeichenerklärung

Anschlag
Die Maschen französisch auf die Nadel aufstricken

| ⊡ | 1 Masche rechts stricken |
| ⊟ | 1 Masche links stricken |

Achtung:
Die Zeichen der Strickschriften sind so angegeben, wie die Maschen auf der Vorderseite erscheinen sollen.

2. Reihe ⊟⊟⊟⊟⊟⊟⊟⊟ 1. Reihe

d. h. 1. Reihe rechts stricken, 2. Reihe ebenfalls rechts stricken, damit die Maschen vorn links erscheinen. Das ergibt das Muster „kraus rechts" oder einfach „kraus".

Das Gleiche gilt für das Zusammenstricken von Maschen. Wenn rechts gestrickt wird, werden auch die Maschen rechts verschränkt zusammengestrickt. Wenn links gestrickt wird, werden die Maschen links zusammengestrickt.

Für das Perlmuster stricken Sie durchgehend 1 Masche rechts, 1 Masche links. Versetzt ergibt das auf beiden Seiten eine perlenartige Oberfläche. Eine ungerade Maschenzahl bedingt immer den gleichen Zählrhythmus.

Beim Perlmuster kann das Zusammenstricken so vorgenommen werden, wie es sich mustermäßig ergibt.

Achtung:
Die Randmaschen werden nicht extra gezählt. Die erste Masche rechts stricken. Die letzte Masche links abheben (siehe S. 7).

Die Reihen immer von der in der Strickschrift angegebenen Reihenzahl aus beginnen.

Jedes Neuteil beginnt immer auf der rechten Seite (= Vorderseite) mit einer rechten Reihe.

TL	Topflappen
M	Masche
R	Reihe
DR	Doppelreihe, d. h. 1 Reihe hin- und 1 Reihe zurückstricken
ABN	abnehmen
ZUN	zunehmen

2 ⊟	2 Maschen links zusammenstricken
2 ⊡	2 Maschen rechts verschränkt zusammenstricken
3 ⊟	3 Maschen links zusammenstricken
3 ⊡	3 Maschen rechts verschränkt zusammenstricken
⊼	in die Masche eine Reihe darunter einstechen
V	1 Hebemasche, d. h. 1 Masche wie zum Linksstricken abheben, wobei der Arbeitsfaden auf der Vorderseite hinter und auf der Rückseite vor der Arbeit entlang geführt wird.
◢	Aus dem Zwischenfaden zweier Maschen eine neue Masche verschränkt herausstricken (damit kein Loch entsteht)
⋈	2 Maschen verzopfen
⊞⊞	4 Maschen verzopfen

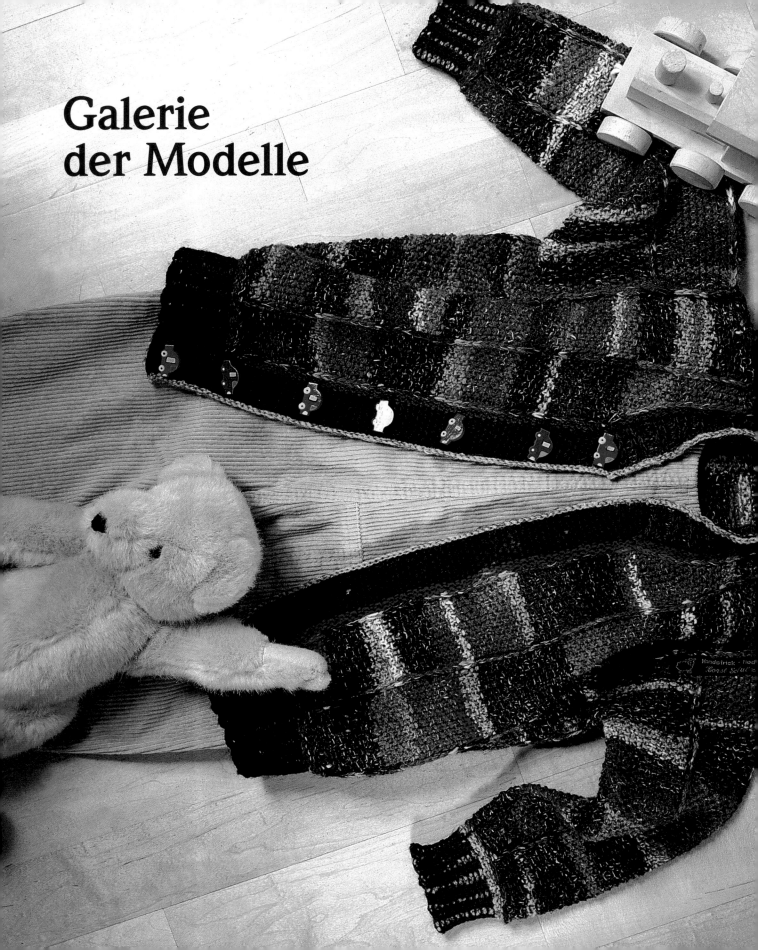

Galerie
der Modelle

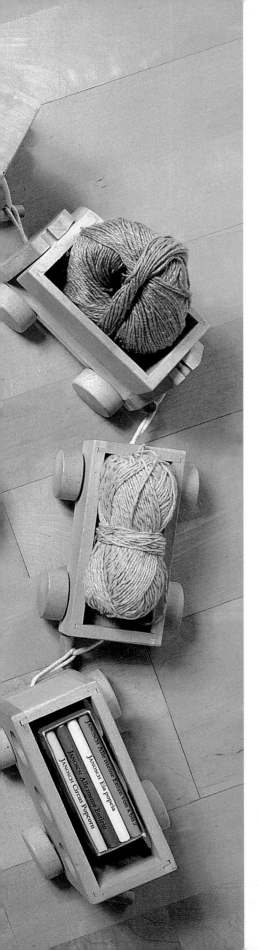

Kinderjacke
mit Autoknöpfen

Wir beginnen mit einem ganz einfachen Muster. Das Einweben der Fäden läßt sich an diesem Modell wunderbar üben.

Achten Sie immer auf gleichmäßige Randmaschen.

Fertigen Sie vor Beginn Ihrer Strickarbeit einen Papierschnitt in Originalgröße aus festem Packpapier nach Ihren gewünschten Maßen an (siehe S. 12).

Für alle Streifen werden 13 Maschen französisch angeschlagen und im Perlmuster gestrickt. Der zweite und jeder folgende Streifen wird entsprechend der Schemazeichnung durch rechts Zusammenstricken nach Technik I (siehe S. 8) angefügt. Die interessante Farbstruktur des Modells entsteht durch die Verwendung eines „Zauberknäuels", das wie folgt entsteht:

Schneiden Sie Garn verschiedener heller Farben in ca. 50 cm bis 100 cm lange Stücke und Garn verschiedener dunkler Farben in ca. 1 m bis 3 m lange Stücke. Verknoten Sie abwechselnd die Stücke mit dem Weberknoten. Dafür halten Sie in jeder Hand ein Fadenende. Das rechte Fadenende legen Sie unter das linke (Zeichnung 1) und halten beide in der linken Hand zwischen Daumen und Zeigefinger fest.

Nun schlingen Sie den rechten Faden um den Daumen der linken Hand hinter das linke und vor das rechte Fadenende. Das linke Fadenende schlagen Sie nach hinten und halten es mit dem Mittelfinger fest. Das rechte Ende stecken Sie durch die auf dem linken Daumen liegende Schlinge (Pfeil Zeichnung 2). Danach ziehen Sie mit der rechten Hand die Schlinge zu.

Wickeln Sie alles zusammen mit einem dünnen Beilauffaden auf. Das gleicht den Farbwechsel optisch aus. Dieser Farbwechsel ergibt den „beabsichtigten Zufall", der den Reiz dieses Modells ausmacht.

Die Maschen für die Bündchen im Perlmuster zum Schluß von der Innenseite herausstricken. So entsteht ein ähnliches Erscheinungsbild wie beim rechts Zusammenstricken, weil die Randmasche auf der Vorderseite sichtbar wird. Verarbeiten Sie den Faden doppelt. Wählen Sie für die vorderen Blendenkanten eine Abschlußfarbe. Stricken Sie damit eine Hinreihe rechte Maschen und ketten Sie sie in der folgenden Rückreihe locker rechts ab.

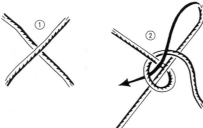

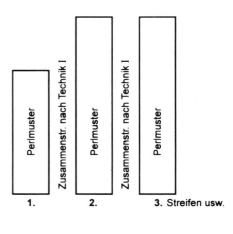

Perlmuster | Zusammenstr. nach Technik I | Perlmuster | Zusammenstr. nach Technik I | Perlmuster

1.   2.   3. Streifen usw.

Kinderjacke mit Beerenknöpfen

Das Modell entsteht nach der Beschreibung der vorhergehenden Jacke. Stellen Sie sich Ihr Zauberknäuel jedoch aus ca. 3 m langen Fadenstücken her oder wechseln Sie immer nach sechs Doppelreihen die Farbe.

Kinderpulli mit Hebe-maschen

Auch dieses Modell ist in einzelnen Streifen gearbeitet. Die Streifen sind in unterschiedlichen Mustern gleicher Farbfolge gestrickt, jeweils abwech-selnd eine Doppelreihe in einem dunk-leren Grundton und zwei Doppelrei-hen in kräftigen Pastelltönen. Einmal kraus nach Strickschrift 1 mit einem Anschlag von 10 Maschen und einmal mit Hebemaschen nach Strickschrift 2 mit einem Anschlag von 16 Maschen.

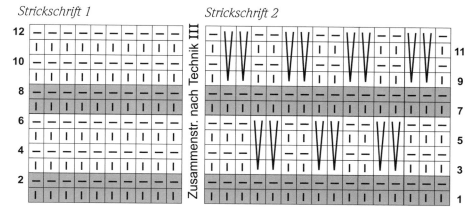

Strickschrift 1

Strickschrift 2

In der Höhe stets die 1. bis 12. Reihe wiederholen. Die gleichen Farbstreifen treffen so beim Zusammenstricken nach Technik III (siehe S. 9) jeweils aneinander.

Die Bündchen werden zum Schluß gearbeitet. Ganz einfach läßt sich diese Jacke in einen Pullunder verwandeln, weil die Ärmel mit Reißverschlüssen eingesetzt sind.

Kinderjacke
mit schräg angelegten Streifen

Die Arbeit beginnt jeweils an der unteren Ecke mit einem Anschlag (MA) von 2 Maschen. Zur Formgebung wird dann beiderseitig in jeder Doppelreihe 1 Masche zugenommen, bis 21 Maschen auf der Nadel sind. Dann werden am Anfang jeder Hinreihe nach der Randmasche 2 Maschen zusammengestrickt und am Ende

jeder Hinreihe vor der Randmasche 1 Masche aus dem Zwischenfaden herausgestrickt. Für die Musterfolge stricken Sie abwechselnd 6 Doppelreihen im Perlmuster einer Farbe (Farbe 1) und 4 Doppelreihen 2er-Hebemaschen in anderer Farbgestaltung (Farbe 2). Innerhalb der einfarbigen Felder kann man auch mit zwei Farbtönen „spielen". Die Streifen werden nach der Technik III (siehe S. 9) mit einem Musterstreifen in Querrichtung zusammengestrickt.

Achtung, folgender Zusatz muß unbedingt beachtet werden: Bei diesen schrägen Streifen ändert sich das Verhältnis der Reihenzahl zu der sich daraus ergebenden Länge in Zentimetern.

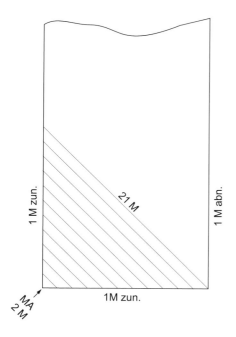

Detail Streifen und Zöpfe

Auch Zöpfe kann man als Streifen in den unterschiedlichsten Varianten und Farben aneinanderstricken. Unser Musterdetail ist nach der Technik III mit drei Rippen in Querrichtung zusammengestrickt. Für jeden Zopfstreifen werden 10 Maschen französisch angeschlagen. Die Strickschrift zeigt Ihnen, wie weiter gestrickt wird. In den nicht angegebenen Rückreihen die Maschen so stricken, wie sie erscheinen. Die 1. bis 10. Reihe wiederholen.

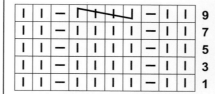

Stricken Sie so viele Zöpfe aneinander, wie es Ihnen Ihr Schnitt vorgibt. Zuletzt noch die Bündchen anfügen (siehe S. 14/15).

Ihrer Fantasie sind dabei jedoch keine Grenzen gesetzt. Sie können die Zöpfe nach Ihren eigenen Wünschen beliebig abändern.

Deshalb werden nach dem Aufnehmen der Randmaschen mit der Rundnadel aus dem rechten Rand von Streifen A in der folgenden 2. Reihe abwechselnd 2 Maschen rechts gestrickt und 1 Masche aus dem Zwischenfaden herausgestrickt. Die 3. bis 7. Reihe werden gestrickt, wie es die Strickschrift angibt. In der 8. Reihe werden dann abwechselnd 2 Maschen rechts zusammengestrickt und 2 Maschen rechts gestrickt. So kann man vermeiden, daß der Musterstreifen in Querrichtung die Schrägstreifen zusammenzieht und unschöne Wellen entstehen. Der nächste Schrägstreifen wird gleich nach den 2 Anschlagmaschen mit den Maschen des quergestrickten Musterstreifens von der Rundstricknadel nach Technik III zusammengestrickt. So fügen Sie Streifen um Streifen aneinander, bis Ihr Strickteil die gewünschte Breite hat.

Die Bündchen werden wie beim Modell auf Seite 17 im Perlmuster gearbeitet, nur werden die Maschen hier auf der Vorderseite herausgestrickt.

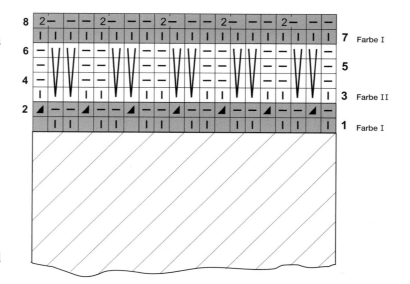

Karojacke
für Groß
und Klein

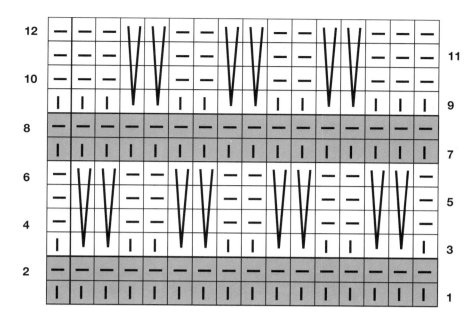

Kleine Jacke:

Für einen Streifen 16 Maschen französisch anschlagen. In der Höhe den Mustersatz in zwei beliebigen Farben 24 Reihen (12 Doppelreihen) stricken. Den Mustersatz jeweils in zwei anderen beliebigen Farben fortlaufend wiederholen.

Hier wird die interessante Farbstruktur durch verschiedene Garnqualitäten hervorragend ergänzt. Die Hebemaschenreihen sind mit strapazierfähiger Sockenwolle gestrickt. Darunter scheinen die Farbkaros aus flauschigem Mohairgarn hervor. Beide Modelle entstehen durch das Aneinanderstricken von Senkrechtstreifen nach Technik II (siehe S. 8/9). Das Muster zeigt Ihnen die Strickschrift. Die Maschenzahl muß durch 4 teilbar sein. Die Paßform wird jeweils am Schnitt ausgerichtet.

Große Jacke:

Für einen Streifen 24 Maschen französisch anschlagen. In der Höhe den Mustersatz in zwei beliebigen Farben 30 Reihen (15 Doppelreihen) stricken. Den Mustersatz jeweils in zwei anderen beliebigen Farben fortlaufend wiederholen.

Kinderjacke mit Kapuze

Bei diesem besonderen Zopfmuster werden die Streifen durch Anstricken von Quadraten, abwechselnd senkrecht und waagerecht, gebildet. Für das erste senkrechte Zopfstück schlagen Sie 17 Maschen an und stricken im Halbpatentmuster. Das heißt, in jeder Rückreihe abwechselnd 1 Masche mit Umschlag abheben und 1 Masche rechts stricken, in jeder Hinreihe abwechselnd 1 Masche mit dem Um-

schlag rechts zusammenstricken und 1 Masche links stricken. Wem das zu kompliziert ist, strickt einfarbige Quadrate in beliebigem einfachen Muster. Die dunklere Farbe in der ersten Doppelreihe (Rippe) schafft Kontraste. Pro Mustersatz wurden hier 34 Reihen (= 17 Doppelreihen) gestrickt. In der 18. Reihe wird die Verzopfung durchgeführt. Schließen Sie das Stück jeweils wieder mit einer Doppelreihe (Rippe) in dunklerem Garn.
Für das nächste waagerechte Zopfteil schlagen Sie an der linken Oberkante des ersten 17 neue Maschen an. Das zweite Teil wird nach Technik I (siehe

S. 8) mit dem ersten zusammengestrickt. Beachten Sie dabei unbedingt, daß das Zusammenstricken der einzelnen Quadrate auf der Rückseite passiert. Das nächste senkrechte Zopfquadrat wird aus dem zweiten herausgestrickt.

Ist der erste ganze Streifen aus Zopfquadraten entstanden, nehmen Sie für den Zwischenstreifen aus jeder Randmasche von rechts mit der dunklen Farbe neue Maschen auf und stricken eine Rückreihe rechte Maschen, mit einer anderen Farbe eine Doppelreihe mit Hebemaschen und noch eine Doppelreihe kraus mit dunklem Garn. An diesen ersten Streifen fügen Sie nun wieder Zopfquadrat für Zopfquadrat des nächsten Streifens an. Die Quadrate in senkrechter Richtung werden mit den Maschen des Zwischenstreifens nach Technik III (siehe S. 9) zusammengestrickt, die Quadrate in waagerechter Richtung durch Herausstricken von Maschen aus dem Zwischenstreifen.

Das Schnittschema ist für die Kleidergrößen 92/98 (1 bis 2 Jahre) gedacht. Es zeigt Ihnen die Anzahl der Quadrate mit Strickrichtung und wie viele Streifen ein Strickteil ergeben.

Auf dem Foto sehen Sie außer der Jacke den Kinderpulli mit Farbflächen von Seite 54.

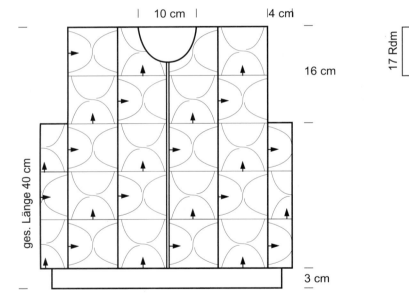

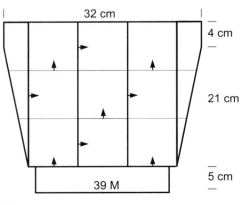

Ärmel

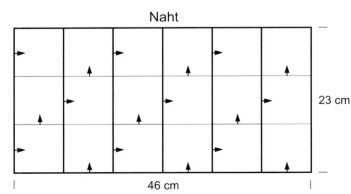

Kapuze

Kinderjacke mit Fischgrätstreifen

Das Modell entsteht nach dem links beschriebenen Prinzip „Fischgrätmuster". Hier wechselt eine beliebige Anzahl Doppelreihen im Perlmuster mit einer Rippe, einer Doppelreihe mit Hebemaschen und einer Rippe.

Die Farben können Sie sich nach Ihren Wünschen oder vorhandenen Garnvorräten selbst zusammenstellen. Die Kante Einer-Topflappen am unteren Rand bildet einen dekorativen Abschluß.

Detail Fischgrätmuster

Dieses Muster bietet ihnen die nächste dekorative Variante der Streifentechnik. Jeder Streifen beginnt mit 23 Maschen. Abwechselnd eine Rippe und eine Doppelreihe glatt rechts stricken. In jeder Hinreihe wird am Anfang nach der Randmasche und am Ende vor der Randmasche 1 Masche aus dem Zwischenfaden herausgestrickt. In jeder Rückreihe werden die 3 mittleren Maschen rechts verschränkt bzw. links zusammengestrickt. Der zweite und jeder folgende Streifen werden nach Technik I (siehe S. 8) aneinandergestrickt. Sollen Farbfäden in der Mitte der Streifen verkreuzt werden, so stricken Sie in den Hinreihen bis einschließlich der Mittelmasche in der ersten Farbe, danach in der zweiten Farbe. In den Rückreihen die 3 Maschen mit dem Faden zusammenstricken, den Sie gerade in der Hand haben.

Detail
Streifen und Topflappen

Dieses Musterstück ist eine freie Komposition aus Streifen und kleinen viereckigen Stücken. Stricken Sie für die Streifen abwechselnd eine Doppelreihe als Rippe in Farbe 1 und eine Doppelreihe glatt rechts in Farbe 2 (Zauberknäuel, siehe S. 17).

Die Topflappen werden mit dem Zauberknäuel (Farbe 2) begonnen. Die Arbeit kann gerade oder schräg angelegt werden.

Ziegelsteinjäckchen

Nach insgesamt 7 Doppelreihen die Maschen auf der Rückseite rechts abketten. Die Ziegel werden wie bei einer richtigen Mauer versetzt gearbeitet.

Stein auf Stein – die Jacke wird bald fertig sein. Wie bei den Topflappenquadraten, nur mit ungleichen Schenkeln beginnen Sie die Arbeit. In der hellen Fugenfarbe werden 18 plus 7 Maschen angeschlagen. Stricken Sie noch eine Rückreihe linke Maschen, dabei für die Eckbildung 2 Maschen links zusammenstricken. Anschließend wird der Ziegel über die 17 Maschen der längeren Seite 1 Doppelreihe kraus und mit einem rötlichen Garn 5 Doppelreihen im Perlmuster gestrickt. Fuge und Ziegel werden dabei nach der Technik III (siehe S. 9) zusammengestrickt.

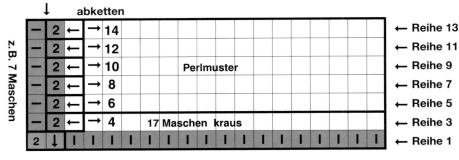

Zusammenstricken nach der Methode auf der Rundnadel

↓   **abketten**

–	2	←	→	14																			← Reihe 13
–	2	←	→	12																			← Reihe 11
–	2	←	→	10				**Perlmuster**														← Reihe 9
–	2	←	→	8																			← Reihe 7
–	2	←	→	6																			← Reihe 5
–	2	←	→	4			**17 Maschen kraus**																← Reihe 3
2	↓		I	I	I	I	I	I	I	I	I	I	I	I	I	I	I	I	I	I	I	I	← Reihe 1

z.B. 7 Maschen

1 Masche   **z.B. 18 Maschen**

Jacken im Patchworkstil

Dieses klassische Patchworkmuster ist ebenfalls eine Kombination aus Streifen und Topflappen. Die Teile werden im Perlmuster gestrickt und die Streifen nach der Technik II (siehe S. 8/9) zusammengestrickt. Das Schema verdeutlicht Ihnen, daß es sich auch hierbei lediglich um aneinandergefügte Streifen handelt. Beginnen Sie mit dem französischen Anschlag von 17 Maschen (8 M + 1 Mittelmasche + 8 M). Stricken Sie dann 9 Maschen in Farbe 1 und 8 Maschen in Farbe 2. Verkreuzen Sie dabei die Fäden beim Farbwechsel. Auf der Rückseite die 3 mittleren Maschen zusammenstricken. Auf der Vorderseite am Anfang der Reihe nach der Randmasche und am Ende der Reihe vor der Randmasche 1 Masche aus dem Zwischenfaden herausstricken. Das Ganze 8 Doppelreihen hoch stricken. Dann je Seite 8 Maschen französisch anschlagen bzw. später aus schon vorhandenen Teilen heraus-

stricken. Also ab jetzt: über 33 Maschen (16 M + 1 Mittelmasche + 16 M) wieder 8 Doppelreihen hoch stricken. Nun mit Farbe 3 weiterarbeiten und dabei seitlich keine Maschen mehr zunehmen (siehe S. 10, Topflappen), bis die Maschenzahl wieder auf 17 reduziert ist. Nun das nächste Teil in anderer Farbstellung anstricken. Die

gesamte farbenfreudige Arbeit wird also immer nur mit höchstens zwei Farben auf einmal gestrickt. Achten Sie aber unbedingt darauf, daß die Farbtöne dunkel–mittel–hell immer auf der gleichen Seite eingesetzt werden, um die dreidimensionale Wirkung zu erreichen.

Das Schnittschema bezieht sich auf Größe 110 für Kinder von etwa 4 Jahren.

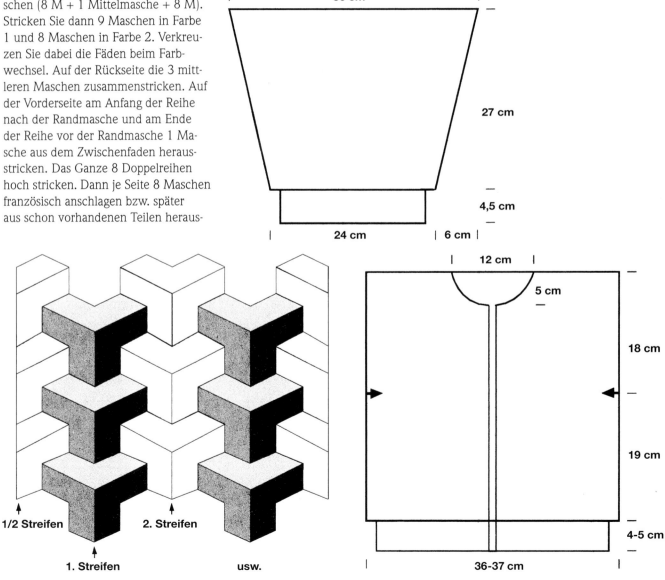

Zwei kleine Karojacken

Diese beiden Jacken sind ganz einfach im Rippenmuster gestrickt, aus Einer-Topflappen (siehe S. 10), die auf der Spitze stehen. Bei der einen Jacke wechseln dunkelblaue und türkisfarbene Quadrate, deren erste Doppelreihe jeweils weiß gearbeitet ist. Das andere Modell ist aus lauter bunten Teilen zusammengefügt und die ersten beiden Doppelreihen sind jeweils in einer Grundfarbe gestrickt.

Kinderjacke Multicolor

Die interessante Wirkung dieses Modells entsteht durch die versetzt angeordneten doppelten Topflappen. Für jeden Topflappen werden abwechselnd 1 Rippe und 1 Doppelreihe glatt rechts gestrickt. Das hier verwendete Material ist Sockenwolle, Farbe 1: Multicolor, Farbe 2: uni in verschiedenen Farben. Die doppelten Topflappen stricken, wie auf Seite 10 angegeben.

Detail Windmühlen

Diese Variante bringt frischen Wind in die Stricklandschaft. Die tolle Wirkung ergibt sich ganz einfach durch das Zusammenstricken einzelner Topflappen mit einem Farbwechsel in der Diagonale. Für jeden Topflappen werden 11 Maschen in Farbe 1 und 11 Maschen in Farbe 2 angeschlagen und zurückgestrickt. Dabei wird in der Rückreihe mit Farbe 2 zusammengestrickt, wie es auf Seite 10 für Einer-Topflappen beschrieben ist und mit Farbe 1 weitergestrickt. Beim Farbwechsel stets die Fäden verkreuzen! Die einzelnen Topflappen werden als Längsstreifen aneinandergestrickt, indem jeweils die Hälfte der Maschen aus vorhandenen Teilen herausgestrickt, bzw. neu angeschlagen werden. Die senkrechten Balken in der Schemazeichnung kennzeichnen die Stellen, an denen mit der Zusammenstricktechnik II (siehe S. 8/9) der folgende Streifen mit dem vorherigen verbunden wird.

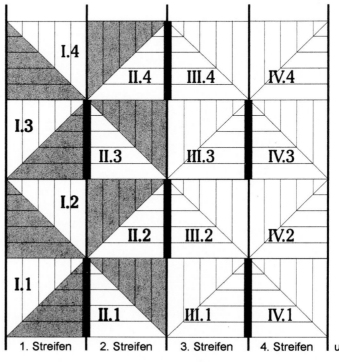

Jacke im Schuppenmuster

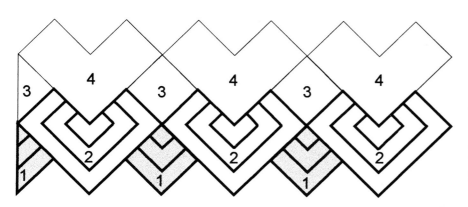

Die Schemazeichnung verdeutlicht Ihnen die Anordnung. Für die Topflappen sind für eine Seite 11 Maschen anzuschlagen bzw. herauszustricken (siehe S. 7 und 10/11). Zum Schluß werden die Ränder seitlich mit halben, oben und unten mit geköpften Topflappen ausgefüllt (siehe S. 12). Der untere Rand kann zackig bleiben oder mit einem Bündchen versehen werden.

Hier stehen Einer- und Dreier-Topflappen auf der Spitze. Die Jacke beginnt am unteren Rand mit der entsprechenden Anzahl einzelner Topflappen, die miteinander nicht verbunden sind. Zwischen diese werden gewissermaßen in der zweiten Topflappenreihe die Dreier-Topflappen gesetzt. Die Verbindung entsteht durch das Aufnehmen von Maschen aus den bereits vorhandenen Rändern der einzelnen Topflappen, dazwischen werden Maschen angeschlagen. In der dritten Topflappenreihe werden einzelne Topflappen dazwischengesetzt und in der vierten Reihe wieder Dreier-Topflappen usw.

Topflappenjacke für Vater und Sohn

Auch dieses fantasievolle Modell entsteht durch den mutigen Umgang mit Farbe und das Zusammenfügen von Dreier- und Vierer-Topflappen (siehe S. 11). Als Material wurde verschiedene Sockenwolle und Kid-Mohair verwendet. Der Dreier-Topflappen wird im Perlmuster gestrickt mit einem Anschlag von 11 Maschen je Seite.

Der Vierer-Topflappen wird in Rippen gestrickt mit einem Anschlag von 11 Maschen für eine Seite. Die Schemazeichnung zeigt Ihnen einen möglichen Anfang für die Anordnung der Teile.

Nach dem gleichen Prinzip wie die Herrenjacke, nur in anderer Farbzusammenstellung ist auch die niedliche Kinderjacke entstanden.

Mein Tip:

Spannen Sie gleich zu Beginn und während der Arbeit kleinere Teile sorgfältig. Das erleichtert den Vergleich mit dem Schnitt.

Kinderweste

Ebenfalls eine Variation aus Dreier-und Vierer-Topflappen (siehe S. 11) ist dieses Kindermodell. Der Dreier-Topflappen wird nur dahingehend verändert, daß das Zusammenstricken der Maschen auf der Rückseite der Arbeit nicht genau in der Mitte, sondern ganz willkürlich erfolgt. Dadurch ergibt sich die rundliche Form. Durch das Perlmuster fließen die Farben sehr weich ineinander. Als Hilfsmittel befestige ich am Anfang der drei Ecken jeweils eine Sicherheitsnadel, um die Abnahmestel-

len zu markieren. Das Material ist ein Zauberknäuel, zusammengeknotet aus Wollresten (siehe S. 17). Die einzelnen Stücke sind hier etwa 50 cm bis 70 cm lang. Die Fadenenden werden beim Stricken sofort auf der Rückseite mit eingewebt.

Hierbei handelt es sich um eine ganz besonders spannende Arbeit, da man nicht voraussehen kann, wie das Stück letztendlich aussehen wird. Es besteht ausschließlich aus Restgarn, dem ich einen dünnen Beilauffaden beigefügt habe.

Damenhemd

Das Modell ist in der Stricktechnik der Kinderweste von Seite 40/41 sehr ähnlich. Auch hier wurden die mit dem Zauberknäuel rundlich gestrickten Dreier-Topflappen fantasievoll aneinandergestrickt, die Vierer-Topflappen dazwischen allerdings weggelassen.

Herrenjacke mit diagonalen Musterstreifen

Die interessante diagonale Musteranordnung ergibt sich durch das Stricken von Schräg-streifen mit dazwischengesetzten Einer- und Vierer-Topflappen, wie es die Schemazeichnung zeigt. Als Material wurden Sockenwolle und Kid-

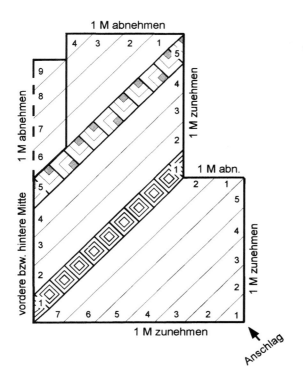

1 M abnehmen

1 M zunehmen

1 M abnehmen

vordere bzw. hintere Mitte

1 M abn.

1 M zunehmen

1 M zunehmen

Anschlag

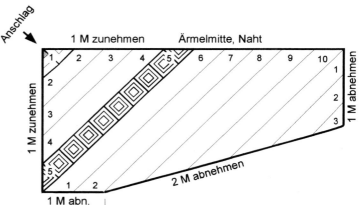

Anschlag

1 M zunehmen   Ärmelmitte, Naht

1 M zunehmen

1 M abnehmen

1 M abn.

2 M abnehmen

Die Jacke beginnt an Vorder- und Rückenteil jeweils an der Ecke mit 3 Maschen Anschlag. Anschließend wird in jeder Doppelreihe beiderseitig 1 Masche zugenommen, bis die gewünschte Schnittbreite erreicht ist. An den vorderen Rändern, am waagerechten Armausschnittrand, Halsausschnittrand und an der Schulter in jeder Doppelreihe 1 Masche abnehmen. Jede Ärmelhälfte beginnt an der Ecke wieder mit 3 Maschen Anschlag und beiderseitig wird in jeder Doppelreihe bis zur vollen Schnittbreite 1 Masche zugenommen. Am Rand in der Ärmelmitte wird das Zunehmen bis zum unteren Ärmelrand fortgesetzt und dann jeweils 1 Masche abgenommen. Am seitlichen Ärmelrand werden zunächst in jeder Doppelreihe 1 Masche und für die anschließende Ärmelschrägung 2 Maschen abgenommen. Am Modell wurden für das Ärmelbündchen 42 Maschen und für den unteren Bund 172 Maschen (42 M vorn, 88 M hinten, 42 M vorn) herausgestrickt. Für die senkrechten Blenden sind 9 Maschen aus jedem Musterstreifen herauszustricken, für den Halsausschnitt im Nacken ca. 30 Maschen. Die Nähte an den Seiten, der Rückenmitte, den Schultern und der Ärmelmitte sind zusammengenäht.

Mohair verwendet. Die Strickschrift zeigt das Muster mit Hebemaschen. Für die 7. bis 10. Reihe die Farbe willkürlich wechseln: Das macht die Arbeit lebendig. Beim Farbwechsel den Faden der neuen Farbe mit dem vorhergehenden mit einem einfachen Knoten verbinden. In den Hebemaschenreihen ist das Einweben der Fäden nicht möglich, es erfolgt daher in der nächsten Rippe.

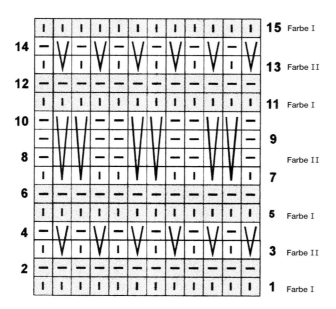

15 Farbe I
14
13 Farbe II
12
11 Farbe I
10
9
8 Farbe II
7
6
5 Farbe I
4
3 Farbe II
2
1 Farbe I

Kinderjacke
mit diagonalen Musterstreifen

Diese Kinderjacke (siehe auch Foto
S. 43) ist die kleinere Ausgabe der
großen Herrenjacke. Sie hat entsprechend auch nur einen dazwischengesetzten Streifen aus Vierer-Topflappen
und ist ganz aus Sockenwolle gestrickt.

Baby-Jäckchen
mit diagonalen Musterstreifen

Aller guten Dinge sind drei. Das ist das kleinste Modell nach dem gleichen
Prinzip. Nur sind hier die dazwischengestrickten Topflappen ganz weggelassen.
Das Material ist wieder Sockenwolle.
Die Hebemaschenreihen sind
frei gestaltet mit versetzten
Hebemaschen.

Kinderjacke aus Vierer-Topflappen

Gerade aneinandergestrickte Vierer-Topflappen mit einem Farbwechsel in der Mitte ergeben die tolle Wirkung dieses kleinen Modells.

Verkreuzen Sie beim Farbwechsel die Fäden auf der Rückseite. Skizzieren Sie auf Ihrem Papierschnitt die einzelnen Teile mit der entsprechenden Farbangabe. So können Sie immer sehen, mit welchen Farben der nächste Topflappen zu stricken ist. Die Bündchen setzen Sie ganz zum Schluß an, farblich passend zur dunklen Wolle in der Mitte der Topflappen.

Kinderjacken im Drachenmuster

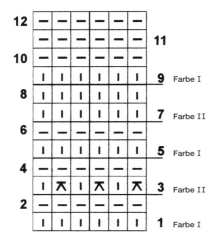

Die farbenfrohen Kinderjacken auf dieser und den nächsten Seiten bestehen aus lauter Vierer-Topflappen, die wie kleine Drachen aussehen. Als Material wurde Sockenwolle verwendet. Das Modell beginnt jeweils am oberen Rand. Die Schemazeichnung zeigt Ihnen die Anordnung der Teile am Vorderteil. Sie können die Vorderteile und das Rückenteil jeweils mit geraden Rändern arbeiten, indem Sie mit halben Topflappen füllen. Oder Sie stricken am Rand ganze Topflappen und nutzen diese gleich zum Anstrikken für das nächste Jackenteil. Das Muster für jeden Topflappen wird mit tiefgestochenen Maschen gearbeitet, wie es die Strickschrift zeigt. Die Farben

wechseln je Doppelreihe, die letzten 2 Doppelreihen sind in einer Farbe gestrickt. Die Bildung der Form ist nach der Beschreibung für Vierer-Topflappen auf Seite 11 und nach der Schemazeichnung auf dieser Seite zu arbeiten. Das Zusammenstricken jeweils nur in den Rückreihen ausführen. Für jeden Topflappen sind 44 Maschen anzuschlagen.

Das Zusammenstricken am Ende mit 3 Nadeln erfolgt jeweils von der Mitte zur Ecke jedes Teiles mit der gleichen Maschenzahl auf beiden Seiten und gleichzeitigem lockeren Abketten.

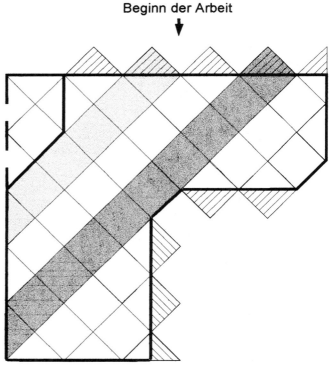

Herrenjacke im Drachenmuster

Auch die Herrenjacke in etwas dezenteren Farbtönen wird nach dem gleichen Prinzip wie die Kinderjacke gestrickt. Die Ärmel sind mit Reißverschlüssen eingesetzt, so daß das Modell auch als Weste getragen werden kann. Als Material wurde Sockenwolle und Kid-Mohair verwendet. Wählen Sie aus Ihrem Garnvorrat für das Modell beliebig drei verwandte Farbtöne aus. Jeder Topflappen dieses Modells beginnt zunächst an den zwei mittleren Seiten mit einer Rippe in einer der drei Farben.

Schlagen Sie für die 1. Reihe zunächst 24 Maschen französisch an. In der 2. Reihe 10 Maschen rechts stricken, zweimal 2 Maschen rechts zusammenstricken und 10 Maschen rechts stricken. Für die 3. Reihe beiderseitig je 11 Maschen anschlagen in der Farbe

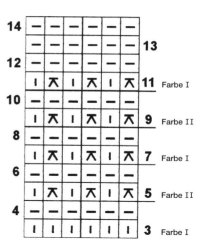

entsprechend der Farbfolge in der Strickschrift. Nun haben Sie 44 Maschen auf der Nadel und stricken den Vierer-Topflappen weiter, wie auf Seite 11 und 48 beschrieben.

Kinderpulli mit Buntstiften

Stift für Stift werden hier Streifen nach Technik III (siehe S. 9) aneinandergefügt. Je nachdem, ob der folgende Streifen von rechts oder links anzufügen ist, wird entweder am Ende der Hinreihe oder am Ende der Rückreihe zusammengestrickt. Die Stifte 1, 4, 6 usw. von unten beginnen. Die Stifte 2, 3, 5, 7 usw. von oben beginnen. Nach Fertigstellung jeweils eines Stiftes werden anschließend in dunklerer Farbe

Rippen gearbeitet in der Reihenfolge (hin und zurück), wie es die Zeichnung zeigt. Das hier verwendete Material hat eine Lauflänge von 125m/50g. Für jeden Buntstiftstreifen sind 11 Maschen anzuschlagen und wie folgt zu stricken: 3 Maschen im Perlmuster, 1 Patentmasche, 3 Maschen im Perlmuster, 1 Patentmasche, 3 Maschen im Perlmuster. Dies gilt jedoch nur als Anregung, Vereinfachungen stehen jedem offen. Für die Spitzen werden in jeder 3. Reihe beiderseitig 2 Maschen rechts bzw. links zusammengestrickt. Die Spitzen können mit Stickstichen farbig markiert werden.

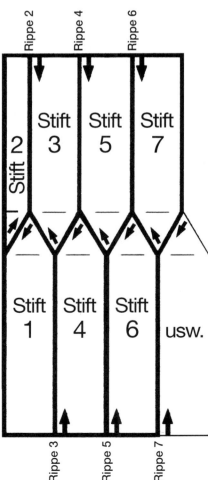

Kinderpulli mit Farbflächen

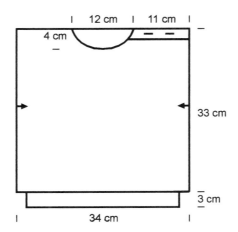

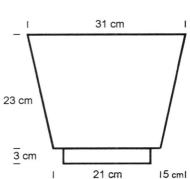

Wie Türme aus Bauklötzen sind die Farbflächen auf diesem Pullover verteilt. Garn mit einer Lauflänge von 125m/50g wurde für das Modell verwendet. Die bunten Flächen sind im Perlmuster gestrickt. Begonnen wird jeweils wie beim Topflappen mit ungleicher Schenkellänge (siehe Ziegelsteinjäckchen, S. 28), die erste Doppelreihe kraus mit der dunklen Kontrastfarbe. Weiter geht es mit Streifen nach dem Ziegeljackenprinzip in unterschiedlicher Flächenaufteilung. Die Bündchen werden mit Hebemaschen in dunkler Kontrastfarbe und dazwischen mit einem Rest Sockenwolle Multicolor gearbeitet. Für den unteren Bund insgesamt 146 Maschen und für jedes Ärmelbündchen 40 Maschen anschlagen.

Die Schemazeichnung
ist nur als Beispiel für eine
mögliche Anordnung
der Flächen gedacht.
Das Schnittschema
bezieht sich auf
die Größe 98 für
Kinder von etwa
2 Jahren.

68
Rdm.

*Zu diesem Pulli
paßt hervor-
ragend die
Kinderjacke
mit Kapuze
von Seite 24.*

Kinderpulli mit Würfeln

Für dieses Modell findet ein beliebtes Patchwork-Muster seine Anwendung in der Strickerei. Jeder Würfel besteht aus drei Teilen: den Vorderseiten und dem „Deckel" als oberes Quadrat. Schlagen Sie für die Vorderseiten 19 Maschen an. Das Muster für alle Würfelteile ist gleich: eine Doppelreihe glatt rechts, eine kraus. In jeder Hinreihe wird am Anfang nach der Randmasche und am Ende vor der Randmasche eine Masche aus dem Zwischenfaden her-

Schnittschema

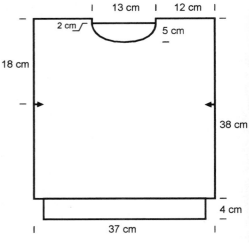

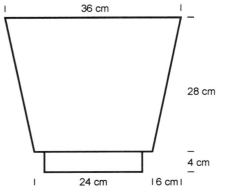

Schemazeichnung 1

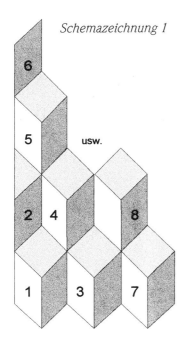

usw.

Schemazeichnung 2

zusammenstricken, den Sie gerade in der Hand haben. Für das obere Quadrat des Würfels wird anschließend mit den Maschen aus der rechten Vorderseite weitergearbeitet. Stricken Sie hier ohne Zu- oder Abnahme von Maschen. An der linken Kante wird das Quadrat mit dem fertigen Teil nach Technik III (siehe S. 9) links zusammengestrickt. Die Reihenfolge der einzelnen Teile orientiert sich hier ganz am Patchwork, wie es die Schemazeichnung 1 zeigt. Für einen geraden Randabschluß werden auch halbe Würfel gestrickt. Für den unteren Bund insgesamt 140 Maschen und für die Ärmelbündchen je 40 Maschen herausstricken. Nach der Schemazeichnung 2 können Geübte am Rückenteil auch ein großes Motiv einstricken. Das Modell entstand aus vielen Garnresten mit einer Lauflänge von 125m/50g. Das Schnittschema bezieht sich auf die Größen 110 bis 116 für Kinder von 3 bis 4 Jahren.

ausgestrickt. In jeder Rückreihe werden die mittleren 3 Maschen mustergemäß rechts verschränkt bzw. links zusammengestrickt. Durch diese Technik bleibt die Maschenzahl unverändert und es entsteht eine Art V. Sollen Farbfäden in der Mitte verkreuzt werden, so stricken Sie einschließlich der Mittelmasche mit der ersten Farbe, danach in der zweiten Farbe. In den Rückreihen die 3 Maschen mit dem Faden

Detail Würfel

Auch das ist eine Möglichkeit, Würfel zu stricken. Durch das mitgeführte Noppenbeilaufgarn entsteht eine ganz andere Wirkung. Für beide Vorderseiten wurden 23 Maschen angeschlagen.

Kinderjacken mit Muschelmuster

Das Zusammenstricken einzelner Stücke funktioniert natürlich auch mit anderen Formen als Streifen oder Quadraten. Für die folgenden beiden Modelle wurden „Muscheln" gestrickt. Es ist gar nicht so kompliziert, wie es aussieht.

Verarbeitet wurden nur Wollreste. Die einzelnen Muscheln werden jeweils am breiten Ende begonnen. Deshalb ist auch die Jacke von der Schulter her gearbeitet. Fertigen Sie für die gewünschte Größe einen Papierschnitt an. So können Sie das wachsende Strickteil zwischendurch auflegen und die Aufteilung einzeichnen.

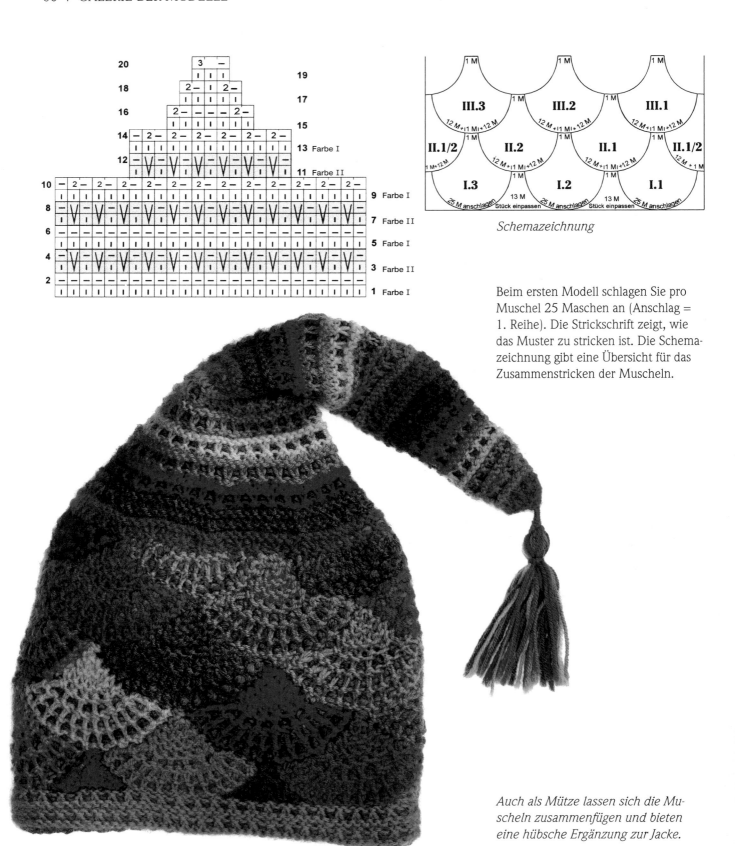

Schemazeichnung

Beim ersten Modell schlagen Sie pro Muschel 25 Maschen an (Anschlag = 1. Reihe). Die Strickschrift zeigt, wie das Muster zu stricken ist. Die Schemazeichnung gibt eine Übersicht für das Zusammenstricken der Muscheln.

Auch als Mütze lassen sich die Muscheln zusammenfügen und bieten eine hübsche Ergänzung zur Jacke.

Beim zweiten Modell entsteht die interessante Farbgestaltung durch den dunkleren Farbton für Farbe 1 und die sanfte Farbabstufung für Farbe 2. Die Strickschrift zeigt , wie eine Muschel gestrickt wird. Das Prinzip für das Zusammenstricken der Teile (siehe Schemazeichnung) ist das gleiche wie bei der ersten Kinderjacke. Nur werden hier für die Muscheln 31 Maschen angeschlagen und am Ende bleiben 7 Maschen übrig. Beim Anstricken werden aus den seitlichen Rundungen der beiderseits vorhandenen Muscheln je 12 Maschen und dazwischen aus den 7 abgeketteten Maschen der unteren Muschel 6 Maschen herausgestrickt. Es werden also jeweils 3 Muscheln miteinander verbunden und für die seitlichen Ränder halbe Motive gearbeitet.

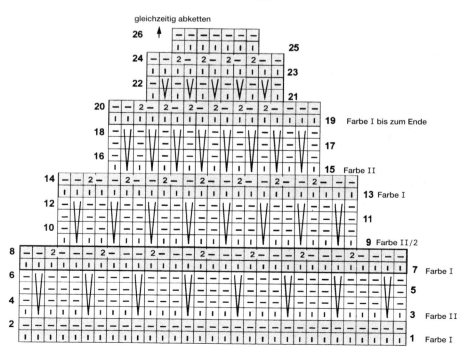

Detail Blumentopf

Die Blume wird am äußeren Rand begonnen und erhält die runde Form durch Abnehmen von Maschen, wie es die Strickschrift zeigt. Mit dem Faden der letzten Masche zuletzt aus beiden Rändern je 9 Maschen

auf eine Nadel aufstricken und mit der dritten Nadel die Maschen abketten und dabei zusammenstricken. Zuletzt für den Blumentopf 9 Maschen aus dem äußeren Rand der Blüte heraus-stricken. Dabei bildet die Abkettreihe

als Stengel die Mitte. Über diese 9 Maschen 2 Doppelreihen links in einer Farbe und 6 Doppelreihen Perlmuster in einer anderen Farbe stricken. In der letzten Reihe gleich-zeitig abketten.

Danksagung

Dieses Buch soll nicht beendet sein, bevor ich nicht denjenigen „Danke" gesagt habe, die zu seinem Entstehen beigetragen haben. Da sind zuerst Henk und Henriette Beukers, die das Neue meiner Arbeit als erste erkannt und in der Zeitschrift „Ornamente" wiederholt veröffentlicht haben. Franz Schlosser vermittelte mir über die Firma „Online" Einladungen auf Messen und stellte mich so der Fachwelt vor. Dank geht auch an meine Schülerinnen und Schüler, die meine Idee des neuen Strickens in ihren Arbeiten erfolgreich anwenden. Selbst in fernen Ländern haben Strickerinnen und Stricker über briefliche Erklärungen meine Ideen in schöne Arbeiten umgesetzt. Stellvertretend für alle seien hier diejenigen namentlich erwähnt, deren Arbeiten im Buch veröffentlicht sind:

Elisabeth Beglinger und Schüler, Barbara Borgmann, Vreni Fullemann, Karola Mahlkow, Wilhelma Naujok, Anette Raschke, Brigitte Schimkowiak, A. Schneiter (Anny Blatt) und Liane Schommertz. Dank auch allen ehemaligen Schülerinnen und Schülern, die über Workshops in eigener Regie mein neues Stricken vermitteln und verbreiten!

Ein besonderer Dank geht auch an die „Fotomodelle" Florian, Martin, Nina, Sarah, Ruben, Lion, Hanne und Niklas sowie deren Eltern.

Ganz besonders danke ich meinem Freund Norman Fisher, der mit unendlicher Geduld aus oft unleserlichen und unzusammenhängenden Texten das Manuskript erstellte, Manuela Juntke für die Zeichnungen und Gundula Steinert, die es dann für den Druck bearbeitete. An den Augustus Verlag geht Dank für die Veröffentlichung dieses Buches.

Ich wünsche mir sehr, daß all dies dazu beitragen möge, ein heutzutage etwas vernachlässigtes Hobby neu zu beleben. Das könnte auch die Kreativität in vielen Menschen wieder wach rufen.

Es ist so viel in uns – wir müssen es nur tun!

Horst Schulz

Bezugsquellen

Grundsätzlich eignen sich alle Strick-
garne für die von Horst Schulz ent-
wickelte Technik. Die im Buch gezeigten
Modelle wurden zum größten Teil
mit Garnen der Firmen *Online, Rowan*
und *Zürcher & Co.* angefertigt.

Online
Klaus Koch GmbH & Co. KG
Rheinstraße
35260 Stadtallendorf

Zürcher & Co.
Lyssach
Postfach
CH-3422 Kirchberg
Schweiz

Rowan
Vertrieb für Deutschland:
Wolle und Design
Rosemarie Kaufmann
Wolfshovener Str. 76
52428 Jülich-Stetternich

Komplette Wollpakete für Schulz-
Modelle erhalten Sie bei
Wollboutique Franz Schlosser
Albert-Schweitzer-Str. 1
38226 Salzgitter

Ein ergänzendes Video über Horst
Schulz' Stricktechnik mit einigen
Grundmodellen erhalten Sie bei
Häussner Wolle Handarbeiten
Am Lindenplatz 4
77652 Offenburg

Die Deutsche Bibliothek – CIP-Einheitsaufnahme

Das neue Stricken – Kindermode :
farbige Muster ohne Mühe / Horst Schulz. –
Augsburg : Augustus-Verl., 1997
ISBN 3-8043-0501-6

*Im Augustus Verlag ist außerdem von Horst Schulz
erschienen:*
● *Das neue Stricken: Pullover, Jacken, Westen*

Die im Buch veröffentlichten Ratschläge wurden von
Verfasser und Verlag sorgfältig erarbeitet und geprüft.
Eine Garantie kann dennoch nicht übernommen
werden. Ebenso ist eine Haftung des Verfassers bzw.
Verlages und seiner Beauftragten für Personen-, Sach-
und Vermögensschäden ausgeschlossen.

Jede gewerbliche Nutzung der Arbeiten und Entwürfe
ist nur mit Genehmigung von Verfasser und Verlag
gestattet.

Bei der Anwendung im Unterricht und in Kursen ist
auf dieses Buch hinzuweisen.

*Autor und Verlag danken der Firma Breitschwerdt
Holzspielzeug für die freundliche Unterstützung der
Fotoaufnahmen.*

Text-Redaktion: Gundula Steinert, Leipzig
Lektorat: Margit Bogner
Fotografie: Annette Hempfling, München
Foto-Styling: Manuela Himmelreich
Grafiken/Zeichnungen: Manuela Juntke, Leipzig
Umschlaggestaltung: Christa Manner, München

Layout: Walter Werbegrafik, Gundelfingen

Augustus Verlag Augsburg 1997
© Weltbild Verlag GmbH, Augsburg

Satz: Gesetzt aus 10 Punkt Weidemann Book
in QuarkXPress von DTP-Design Walter, Gundelfingen
Reproduktion: GAV, Gerstetten
Druck und Bindung: Appl, Wemding

Gedruckt auf 120 g umweltfreundlich chlorfrei
gebleichtes Papier.

ISBN 3-8043-0501-6

Printed in Germany